Agustín Moreto y Cabaña

Baile de la zalamandrana hermana

Barcelona **2024**
Linkgua-ediciones.com

Créditos

Título original: Baile de la zalamandrana hermana.

© 2024, Red ediciones S.L.

e-mail: info@Linkgua-ediciones.com

Diseño de cubierta: Michel Mallard.

ISBN rústica: 978-84-9816-042-0.
ISBN ebook: 978-84-9897-817-9.

Sumario

Brevísima presentación

La vida

Agustín Moreto y Cabaña. (Madrid, 1618-Toledo, 1669). España.

Sus padres eran italianos. Fue capellán del arzobispo de Toledo y tuvo una vida tranquila. Alcanzó una notable popularidad en los siglos XVII y XVIII. Escribió comedias de carácter religioso, tradición histórica y costumbres. La edición completa de sus obras se publicó en tres partes en los años 1654, 1676 y 1681.

Personajes

Bernarda
Teresa
Toribio
Uno

Baile de la zalamandrana hermana

(Salen Bernarda y Teresa llorando.)

Bernarda   ¿De qué lloras? Di ¿qué tienes?
                  Dime tus penas, acaba.

Teresa   Es que me ha dado Toribio
                  una pisa de patadas.

Bernarda   No faltará quien le corte
                  lo mismo con que te daba,
                  que yo sé que antes de un hora
                  vuelva las manos cruzadas.

Teresa   Él sin duda me ha pegado
                  porque me vio despegada.

Bernarda   Al paso que él es pesado
                  has dado tú en ser liviana.

Teresa   Medio ojo me ha llevado
                  de un puntapié.

Bernarda   Ésa es gala,
                  que un golpe parece bien
                  cuando lleva una pestaña

(Sale Toribio.)

Toribio   Acábense estas pendencias
                  y cree por tu vida, hermana,
                  que estos disgustos el diablo
                  de entre los pies los levanta.

Teresa	¿Para qué me vuelve aquí?
	¿No me dejará en mi casa?
	¿Esto ha de ser cada día?
Toribio	¿Busca usted que a gaznatadas
	le haga Sandoval el rostro
	si Rojas le hizo granada?
Bernarda	A fe que entras dadivoso.
Teresa	¿Qué dices de esto, Bernarda?
Bernarda	Lo que yo decirte puedo
	cantando y bailando vaya:
(Canta.)	«El galán que pega, amiga,
	antes obliga que agravia
	y el rato que abofetea
	trae una mujer en palmas.»
(Cruzados.)	Sin razón estás quejosa,
	porque hay muy grande distancia
	del hombre que nos da en rostro,
	al hombre que nos da en cara.
(Bandas.)	
Bernarda	¿Cómo no paga, soldado,
	el amor de esta cuitada?
Toribio	En amores, ni en comedias,
	nunca los soldados pagan.

(Deshechas.)	En lo que la escucho, reina,
	me parece graduada
	en los términos y modos
	del colegio de las marcas.
Bernarda	Sí, lo estoy, y a buen seguro
	que nunca usted se burlara,
	ni me dijera evangelios
	la mano sobre mi cara.
(Eses.)	¡Basta! Esto ha de ser, Toribio,
	dale la mano, y repara
	que son riñas veniales
	las que con golpes se acaban.
Teresa	¡No ha de ser mientras viviere!
Toribio	Pues ¡por vida de...!
Teresa	¡Ay Bernarda!
Bernarda	¿Qué es esto? ¡Tente Toribio!
Toribio	Pues ¿conmigo...?
Bernarda	¡Basta, basta!
Toribio	¿Qué ha de bastar? ¡Qué por Cristo!
	que si me atufa y me cansa,
	la haga escupir los livianos.
Uno	¿Para qué es tanta fanfarria
	cuando se hallan de por medio
	tantas personas honradas?

Bernarda	Pues esto se va encendiendo. Apáguenlo las guitarras. ¡A la Zalamandrana hermana! ¡ay, ay, ay, de la Zalamandrana!
(Bajar.)	Por tu vida amiga mía, que no seas temeraria.
Teresa	No sabe usted lo que paso, ni del modo que me trata; no me da ni un alfiler, ni entra por aquesta casa cosa que de comer sea, sino coz y bofetada, ni vestido, ni calzado ni salario a una criada.
Bernarda	Pues si solo te da golpes y te tiene aquesa cara negra a puros cardenales, ello es cosa desdichada que entre tanta gente negra no haya siquiera una blanca ¡A la Zalamandrana hermana! ¡ay, ay, ay, de la Zalamandrana! Cierto que usted es terrible, y que tiene a esta cuitada que es vergüenza.
Toribio	Usted no sabe lo que cada uno pasa.
Bernarda	En tocando en interés

no hay disculpa.

Toribio   Es ignorancia.
¿Húbela acaso doncella,
que la he de dejar dotada?

Bernarda   ¡Y a la Zalamandrana hermana!
¡Y ay, ay, ay, de la Zalamandrana!

Bernarda   Háganse estas amistades.

Toribio   Aquesta es mi mano.

Bernarda   Daca
¿y la tuya?

Teresa   Aquésta es.

Bernarda   Aquí paz y después gracia.

Toribio   Aquésa no tendrá el baile.

Bernarda   Pues, Toribio, si no agrada,
¡a la Zalamandrana hermana!
¡y ay, ay, ay, de la Zalamandrana!

Fin del baile

Libros a la carta

A la carta es un servicio especializado para
empresas,
librerías,
bibliotecas,
editoriales
y centros de enseñanza;
y permite confeccionar libros que, por su formato y concepción, sirven a los propósitos más específicos de estas instituciones.

Las empresas nos encargan ediciones personalizadas para marketing editorial o para regalos institucionales. Y los interesados solicitan, a título personal, ediciones antiguas, o no disponibles en el mercado; y las acompañan con notas y comentarios críticos.

Las ediciones tienen como apoyo un libro de estilo con todo tipo de referencias sobre los criterios de tratamiento tipográfico aplicados a nuestros libros que puede ser consultado en Linkgua-ediciones.com.

Linkgua edita por encargo diferentes versiones de una misma obra con distintos tratamientos ortotipográficos (actualizaciones de carácter divulgativo de un clásico, o versiones estrictamente fieles a la edición original de referencia).

Este servicio de ediciones a la carta le permitirá, si usted se dedica a la enseñanza, tener una forma de hacer pública su interpretación de un texto y, sobre una versión digitalizada «base», usted podrá introducir interpretaciones del texto fuente. Es un tópico que los profesores denuncien en clase los desmanes de una edición, o vayan comentando errores de interpretación de un texto y esta es una solución útil a esa necesidad del mundo académico.

Asimismo publicamos de manera sistemática, en un mismo catálogo, tesis doctorales y actas de congresos académicos, que son distribuidas a través de nuestra Web.

El servicio de «libros a la carta» funciona de dos formas.

1. Tenemos un fondo de libros digitalizados que usted puede personalizar en tiradas de al menos cinco ejemplares. Estas personalizaciones pueden

ser de todo tipo: añadir notas de clase para uso de un grupo de estudiantes, introducir logos corporativos para uso con fines de marketing empresarial, etc. etc.

2. Buscamos libros descatalogados de otras editoriales y los reeditamos en tiradas cortas a petición de un cliente.